EL VUELO DE LA PALABRA

ExLibric

SANTIAGO MOURE BALUJA

EL VUELO DE LA PALABRA

EXLIBRIC
ANTEQUERA 2026

EL VUELO DE LA PALABRA
© de los textos: Santiago Moure Baluja
© del diseño de portada: Claudia Pérez Moure
© del prólogo: Manuel Guerrero Cabrera
© del epílogo: Eva Moure Ruiz

Iª edición

© ExLibric, 2026.

Editado por: ExLibric
c/ Cueva de Viera, 2, Local 3
Centro Negocios CADI
29200 Antequera (Málaga)
Teléfono: 952 70 60 04
Fax: 952 84 55 03
Correo electrónico: exlibric@exlibric.com
Internet: www.exlibric.com

ISBN: 979-13-88079-68-9
Depósito Legal: MA 113-2026

Impresión: PODiPrint
Impreso en Andalucía – España

Nota de la editorial: ExLibric pertenece a Innovación y Cualificación S. L.

SANTIAGO MOURE BALUJA

EL VUELO DE LA PALABRA

Para Isabel, Ana y Eva,
por llenar mi vida de amor
y poner alas a mis palabras.

PRÓLOGO

He contemplado en tus ojos, batir de alas
de alondras cautivas…

Estas fueron las primeras palabras que conocí de Santiago Moure Baluja. En efecto, pertenecen al poema «He visto…», porque estoy hablando de la palabra bajo el signo de la poesía. Es muy probable que él no supiera que aquellos versos aparecidos al final del número 23 de la revista *Saigón,* que nos hermanó en la literatura y en la cultura, significaran los primeros pasos en firme hasta las páginas que forman el presente volumen, un batir de alas más allá del amor de aquel poema para *El vuelo de la palabra.*

Santiago Moure siempre ha preferido volar a ras de suelo, pues sabe que, a mayor altura, menor veracidad hay en el compromiso con la idea y la cultura que represente a quien, como él, ha trabajado, ha arriesgado y ha vivido con fidelidad a los suyos, a los que no regalan nada, a los que desde las alturas se ven demasiado pequeños como para tenerlos en cuenta.

Sin duda, afirmo que son el compromiso y la lealtad con el ser humano las dos características del autor de estos poemas, algo que demostró sobradamente durante los años que coincidimos en la Asociación Cultural Naufragio. Y si no fuera por el compromiso y la lealtad con la poesía, no tendríamos este libro entre nuestras manos, ya que tiene la misma actitud en la experiencia vital que en la literaria.

El vuelo de la palabra recoge la visión poética de Santiago Moure hacia cualquier aspecto a la vida, o dicho de otro modo, los poemas pueden relacionarse con momentos cotidianos: una hija que sentimos triste, una ausencia, el amor de plenitud, una noche de insomnio, una barbacoa… Sobre esta última, no me resisto a destacar unos versos geniales que resumen todo, y no me refiero al poema, sino a él mismo:

> *porque, amor mío, si no es por los que amamos,*
> *¿para qué queremos tú y yo una barbacoa?*

Y, también, asuntos que nos conciernen de una u otra manera a los que no se puede ser indiferente, como el feminismo, el país o la libertad, en la línea del compromiso que antes se ha aludido.

El vuelo de la palabra tiene un valor mayor cuando conocemos que nos ofrece una trayectoria del poeta Santiago Moure Baluja, pues aquí leemos versos escritos hace unos cuarenta años, donde la voz poética poco a poco ha ido tomando fuerza, en la que sencillamente consigue una forma de expresión válida para el batir de alas, los primeros vuelos de la palabra, si me permiten que continúe la imagen que nos proporciona el título del libro. Pero, además, tenemos los versos más recientes, los escritos en los últimos años, que demuestran la madurez de la voz y del estilo del autor. Y es que nunca ha cesado de volar. Santiago Moure ha tomado conciencia de esto y nos lo hace saber en uno de los poemas:

> *Soy lo que soy y esto es lo que tengo:*
> *un cuerpo habitado en lo profundo*
> *por un corazón que siente, apasionado,*
> *y late desde el centro de su mundo.*

El cuerpo alado cuyo corazón comprometido y leal late por la poesía lo tenemos en *El vuelo de la palabra*.

Enhorabuena, Santiago.

Manuel Guerrero Cabrera

EL VUELO DE LA PALABRA

Adiós (poema de despedida)

Este es mi último poema,
y será el postrero que yo te escribiré;
lo escribo sin sentir dolor ni pena,
pues pasa el tiempo y yo ya te olvidé.

Hoy vuelvo a recordarte y me despido
con estos versos, porque ha muerto
la llama que en mi pecho habías prendido
y, para serte sincero, no lo siento.

Ayer un arco iris se hizo puente
y corriendo por él quise alcanzarte;
hoy dejo de luchar contra corriente
y rompo mi corazón al olvidarte.

No pienses que esto es un reproche,
porque no es más que una despedida;
con ella morirá la larga noche
y nacerá un alba de luces encendida.

¿Para qué esperar? Y ¿a quién?
¿Para qué sufrir sin asomo de esperanza?
Donde hubo un amor puede haber cien
que inclinen el fiel de la balanza.

Ya despertó mi vida de este sueño,
y no hay cosa que tanto me complazca
como ser de mi vida solo el dueño
para hacer con mi amor lo que me plazca.

Por última vez recibe mi saludo,
porque nunca más volveré a verte
—esto al menos no lo dudo—,
así que, que seas muy feliz y buena suerte.

TE AMO TANTO…

Para Isabel, por permitirme amar
el amor con que me ama.

Te amo tanto
que no hay partícula en ti
que yo no ame.

Amo el cálido contacto de tu piel
y mirar largamente el fondo de tus ojos;
amo cada palabra que sale de tus labios,
cada gesto de tus manos laboriosas
y toda idea que pasa por tu mente.

Amo si te vas y si te quedas,
pero no el vacío de tu ausencia.
Te amo centímetro a centímetro,
desde el pálido rosa de tus uñas
al rojo ardor que mana de tus labios.

Amo tu cuello,
el arco delicado de tus cejas,
el lóbulo carnoso de tu oreja.
Tu pelo moreno como noche,
la curva de tus hombros,
tus pechos maduros como frutos
y la plenitud palpitante de tu vientre.

Amo la turgencia de tus muslos
y la fuerza de tus brazos cuando abrazan.

Amo la agonía de tus besos,
las lentas caricias de tus dedos
y amo por igual tu hastío y tus reproches.

Amo tu alegría y tu cansancio,
la franqueza de tu risa y la angustia de tu llanto;

Amo tu dormir y tu velar,
tu paciencia y tu humildad,
tu autoridad y tu obediencia…
y amo, amor, el amor con que me amas.

ME GUSTA...

Me gusta que seas la mujer que lucha,
que cada día se esfuerza en la contienda,
que digas la verdad, no importa quién te escucha,
que hables con coraje, no importa quién te entienda.

Yo quiero que salgas siempre victoriosa
y vueles ligera como lo hace un ave,
para ver la mujer pragmática que sabe
ser fuerte como hierro y suave como rosa.

Yo seré parta ti yelmo y coraza,
y tú, para mí, defensa y muro
contra el tiempo que ahoga y atenaza.

Y te daré la fuerza de mi brazo
y también el amor más limpio y puro,
hasta que la tierra me acoja en su regazo.

HUBO UNA VEZ...

Hubo una vez
—¿aún te acuerdas, amor?—
un tiempo esperanzado,
cuando las luminosas primaveras
florecían velozmente
y la vida nacía a borbotones.

Hubo una vez, tan solo una,
como en los cuentos de hadas y princesas,
un tiempo de fe y encantamiento
donde las fantasías,
y hasta los imposibles sueños,
brotaban como flores en las manos.

La distancia entonces no existía
y siempre había un puente
para salvar la sima de las dudas.

Estaba el cerebro alborotado
y el corazón galopaba locamente
borracho de amor y de ilusiones.

«¡No importa! ¡No importa!»,
a todo contestaba siempre,
porque no se saciaba el hambre
del corazón que se anegaba en vida.

«¡No importa!». No, nada importaba.
Solo beber del tiempo que se iba
con sus alas negras al olvido,
a la muerte de tu cielo perseguido.

Todo sucedió tan de repente
que tuviste que mirarte en el espejo
para saber que aquello que mirabas
era tu imagen de mujer enamorada.

Y surgió en la confusión la duda,
te envolvió la larga angustia
de la separación y la distancia.

Tu cielo se cubrió de espesas nubes,
el futuro ciñó su negro manto,
el sol escapó de tu horizonte
y solo pudiste confesar tu espanto.

Al fondo de tanta incertidumbre,
con la pasión que vence a la locura,
mi voz con urgencia te animaba:
«¡Adelante, no cejes en tu empeño!
¡Lucha para conseguir cuanto deseas!
¡Ánimo, el camino no es interminable!
¡Vamos, empieza a recorrer la buena senda!».

Y te elevaste sobre tu larga sombra,
caminando erguida y orgullosa,

sintiéndote tan nueva y diferente,
con la fuerza que da el haber vencido
cuando ya todo parecía perdido.

Mi espíritu el tuyo contemplaba
y en la distancia te entregué mi fuerza,
porque era mi vida venciendo quien vencía,
y era mi amor perdiendo quien perdía.

Aún nos queda un tiempo
—¿sabes, mi amor?—.
Bienvenida al club de aquellos que pensaron
que era mejor morirse de repente,
donde la primavera y la esperanza
florecen velozmente
y la vida que nace a borbotones
se extiende, por doquier, interminable.

Bienvenida al club de los que luchan,
de los que recomponen hueso a hueso
su esqueleto de seres mutilados,
pero estando caídos comprendieron
que solo vale lo que cuesta esfuerzo,
y un monumento a la vida levantaron
cuando más allá de ellos mismos ascendieron.

HE CONTEMPLADO

He contemplado en tus ojos el batir de alas
de alondras cautivas,
y gusté en tus labios el rumor de rocas
golpeadas por el mar.

Escuché un extraño sonido de palabras,
y aunque me esforcé,
no pude entenderlas.

He visto dibujarse contra el alba,
sobre el lienzo que cubría nuestros cuerpos,
la palabra más vieja y más gastada
de todas las palabras.

Cuando las alondras aquietaron su vuelo
y las rocas apagaron su gemido,
por fin entendí:
decías que me amabas.

AHORA

Déjame la soledad, amor,
que no me pesa
tenerla enfrente, al lado ,dentro,
hiriéndome constante,
eterna compañera,
eterna amiga de todos mis momentos.

Déjame la angustia, amor,
ahora que solo queda el eco
de la risa del agua de tus labios,
el lugar que siempre tuvo.

Déjame la soledad, amor,
para que no pueda decir
que lo he perdido todo.

SI PUDIERA...

Si pudiera apresar la libertad
y hacerla tangible,
envuelta en libertad y amor,
te la daría envuelta
en un paño de estrellas,
en la paz de una cumbre nevada
donde reinase el silencio
y fuera la distancia infinita
la única frontera ante tus ojos.

Si pudiera apresar el amor
y hacerlo visible,
te lo daría todo, envuelto
en un mar de ternuras,
en la inmensidad de las pequeñas cosas
que hacen brillar tus ojos
y convierten tu risa
en inocente melodía.

Si pudiera apresar la paz
y hacerla cotidiana,
te la daría toda,
nunca tendrías la prisa de la huida
y en tu seno
el fruto de la vida floreciese,
y todas tus angustias
quedasen diluidas en la nada.

Si pudiera apresar
la paz, el amor y la libertad,
llenaría con ellos tus manos
para hacer tus sueños realidad,
hasta convertir tu tristeza
en un canto alegre de esperanza.
Si yo pudiera…

¡QUÉ LARGOS SE ME HACEN...!

¡Qué largos se me hacen los días sin verte!
¡Qué eternidad de vacío y de tristeza!
¡Qué oscuros los días y las noches!
¡Qué soledad, amor, si tú no estás!

A tu lado no supe qué decirte
y lejos de ti te hablo en silencio,
y aunque vives en mi pensamiento,
estoy triste, amor, porque no estás.

Y cuento los segundos que transcurren,
se eternizan los días para verte
y de noche sueño tu presencia,
y estoy solo, amor, porque no estás.

Y en esta soledad espero
estar muy pronto a tu lado
para nunca más dejarte,
que me muero, amor, si tú no estás.

TIEMPO ATRÁS

¡Cuánto he amado aquellos instantes
transcurridos en el vértigo de lo efímero!
Eran los días como reflejos del agua,
como estremecedores relámpagos en la noche,
como el destello del ascua que muere presurosa,

Tú eras entonces como un sueño
que yo ansiaba retener intacto;
eras el brazo fuerte, la fe firme
a la que como náufrago me asía
cuando mis fuerzas huían derrotadas.

Mis atormentados ojos seguían tus pisadas,
temerosos de perder tu luz, tu guía,
cuando el sueño parecía evaporarse
como un espejismo delirante.

Todo era fugaz, todo era leve,
todo era vivir hoy el mañana,
como si el futuro hubiera errado su camino
y ya no lo esperásemos.

Después la vida nos llevó en su torbellino:
a mí, a otra ciudad; a ti, a otras metas,
y solo un hilo quedó de nuestro encuentro
que intenté reforzar día tras día.

Ahora extiendo mi mano, confiado
de encontrar la tuya,
como en otros tiempos,
cuando no tenía consuelo de tu ausencia,
para no borrar de mi recuerdo
la imagen real de tu presencia.

EVOCACIONES

Pasa el tiempo
y los recuerdos se diluyen lentamente.
Se difumina la imagen del mar
y el paisaje de aire y fuego;
los rostros se tornan indefinidos,
inconcretos,
cuando busco en mi memoria.

A veces el deseo,
o la búsqueda de nuevas sensaciones,
me lleva de nuevo hasta el pasado
para traer a mi mente
palabras y risas que identifico
de amigos y conocidos
que ocuparon mi vida brevemente.

El tiempo pasa
inexorablemente
y todo se hace olvido;
cada gesto nuevo
es un paso nuevo hacia el mañana.

A pesar de todo,
no puedo decir que te recuerdo;
diré mejor que no te olvido,

que eres una sombra
atada a mi memoria.

Sentada en esa mesa,
frente a mí,
aún te escucho,
y a cada palabra de tu boca,
y a cada torrente de risa
—que salta incontenible—,
quimera sobre quimera
y sueño sobre sueño
yo iba levantando.

Tú ahí,
feliz y enamorada del mar;
yo aquí,
contemplándote en silencio,
no puedo decir que te recuerdo;
diré mejor que no te olvido,
porque eres cadena y atadura
de un pasado que día a día vuelve.

TRISTEZA

Para mi hija Eva

¿Qué tienes, hija mía, que te miro
y veo en tu semblante la tristeza,
mientras rompe un suspiro tu entereza,
la que nunca te falta y tanto admiro?

Si no quieres contarlo, me retiro.
Tal vez no puedes o te da pereza;
quizá tu corazón, no tu cabeza,
fue la causa que provocó el suspiro.

Quiero pedirte que tengas confianza.
Puedes decirme cuánto tu alma siente,
a oír tu voz mi corazón alcanza.

Yo lucharé por ti como un valiente
y pondré en la batalla la esperanza
para que seas feliz eternamente.

Ella no está hoy, aquí, entre nosotros

Ella no está hoy, aquí, entre nosotros;
buscó la libertad
y halló un hermoso sueño
de cielo azul y blancas nubes.

Recuerdo
que le gustaba caminar descalza,
dejando sus huellas en la arena,
y mojar sus labios en el agua del mar,
porque —me decía—
que quería ser la sal de la tierra.

Recuerdo también que era hermosa
y cómo miraba la Luna,
respirando hondamente.
Y me preguntaba a veces
—aunque a sí misma—
por qué todo era como era.

Un día me sonrió
con su sonrisa de hada de cuento
y se despidió con un tímido «adiós»,
y se fue a buscar entre otros pueblos
y otras gentes
la respuesta a todas sus preguntas.

Y empezó a descubrir la vida
y la amargura llenó su corazón;
quiso volver a ser hada
y la sal de la tierra,
pero la arena de la playa
hería ahora sus delicados pies.
La Luna se había ocultado
en un cielo de negros nubarrones.

Cansada de andar
y de no encontrar respuesta a todas sus preguntas,
decidió dar la espalda a la existencia
cuando las flores se teñían de color
y la vida, aparentemente, sonreía.
Hoy ella ya no está aquí, entre nosotros;
halló la libertad
en un hermoso sueño
de cielo azul y blancas nubes.

ESCRIBO POR TI Y PARA TI

Escribo por ti y para ti,
desde el silencio de esta hora
en que los cuchillos de la noche
rasgan mi espíritu expectante.

Se aproxima tu imagen lentamente
en mis espasmos febriles de delirio,
y no puedo asirme al vuelo de tus alas,
porque todas las garras las oprimen.

Mis manos tantean ciegas las paredes
de esta cárcel oscura que me cerca;
mi aliento escapa a borbotones
a ese espacio de piedra y de ceniza
que nubla por completo mi memoria.

Escribo por ti y para ti
con palabras sin nexo y sin sentido
por no repetir conceptos ya gastados,
mil veces repetidos:
recuerdo, abrazo, amor, camino.

Quisiera decirte que soy libre,
porque nada ni nadie me retiene
aquí o allá,

y mis jóvenes raíces
no encuentran una tierra a la que asirse,
un lugar en el que anclar.

Escribo por ti y para ti
cuando aún te tengo en mi memoria,
y este tiempo que dulce me recubre
parece detenerse y recrearse
en la tibia transparencia de tu imagen,
ahora que la paz me es esquiva,
y mi corazón se debate angustiado
entre el oscuro y fúnebre pasado
y la claridad deslumbrante del futuro.

Volveré de nuevo en mis cenizas
para ser el hombre inquebrantable,
el ser humano siempre verdadero,
capaz de vencer todas las dudas
que quieren insolentes mantenerme
lejos de tu cálida presencia.

Escribo por ti y para ti…

Cuando tú te vayas

Cuando tú te vayas
—y eso sucederá tarde o temprano—,
cuando llegue la hora del adiós
y clave en la tuya mi mirada
—deseando que el instante se eternice—,
no verás llanto en mis ojos.

Ni temblor en la mano
cuando estreche la tuya firmemente,
ni vacilar mi voz
al decirte, no adiós, sino hasta luego,
porque la vida es irrepetible
y debemos vivirla hora a hora.

Cuando tú te vayas,
volveré a encontrarte cualquier día
en algún recodo del camino,
porque lejos de ti no sé vivir
y el tiempo de espera se me hará eterno.

Cuando tú te vayas…
¡Cómo deseo que no llegue ese momento!,
porque dejarás en mí un vacío
que nunca más podré llenar.

ESPERANZA

A mi amigo Felipe Gámez,
con su permiso.

También yo me dije a mí mismo:
«Contaré hasta diez,
y si no vienes,
contaré hasta treinta,
y si aún no has llegado,
iré a buscarte».

Pero la lluvia y el frío
se cebaron en mí;
no pude acabar la cuenta
ni salir a buscarte.

Tú no viniste…
y yo espero vencer la pulmonía.

ARDORES

Nuestros cuerpos se encontraron,
y nuestros labios ardieron
en un volcán de espuma y fuego.

Entonces comprendimos
que tú y yo éramos el mundo.

HE SOÑADO MUCHAS VECES

He soñado muchas veces tus ojos.
En mi caminar he creído ver
en medio de la luz tu pelo negro,
y me ha despertado de pronto
la imagen fugaz de tu sonrisa.

En mi soledad sentí alguna vez
el calor tibio de tu mano
al contacto con la mía,
y en este interiorizar mis sentimientos
he pensado que podría ser hermoso
compartir contigo todos los segundos.

Paso a paso he seguido tu silueta,
he conformado cada línea de tu cuerpo
y he recreado en ti sombra y reflejo.

Esperé siempre con ansia
la realidad que no me pertenece,
y no me ha defraudado:
como ya presentía, no ha llegado.

Tú sigues ahí,
ajena a todas mis palabras,
en tu mundo fabricado a la medida
donde yo jamás tendré cabida.

Yo sigo sentado aquí,
queriendo definir inútilmente,
con el imposible vuelo de las letras,
tu presencia, para dejar constancia
de la impresión deslumbrante que produces
al que por primera vez te mira.

Lejos, muy lejos, inalcanzable,
tan solo adivinada, presentida estás,
formada de neblina
en mis sueños de múltiples colores.

Y tú, hecha realidad,
y el mañana inmediato en el que vives
nunca seréis míos.

Paso la página del libro
donde estás grabada a fuego
con ese algo indefinible
que hace imposible el apresarte.

El silencio se hace en mi interior
y el vacío me llena nuevamente.

QUIERO VOLVER…

Quiero volver al tiempo ya perdido
y escuchar del corazón el maternal latido.
Quiero volver jugando a las caídas,
a las pequeñas emociones nunca más sentidas.
Quiero volver a aquel amor primero
y a todos los amores que tuve y aún espero.

Añoro la paz de la ignorancia
y la quietud y el sosiego
de la apacible infancia.

Quiero huir del llanto y del gemido,
del grito desgarrado y sin sentido,
de la risa loca, del aliento helado,
del mirar huidizo, triste y desolado.

Quiero cambiar mis miembros agotados,
mis frágiles miembros heridos, quebrantados,
y poner en su lugar etérea esencia,
amor sediento de sueños y de ausencia.

Quiero volver, aunque sufra al alejarme,
aunque llore de dolor al ausentarme.
Quiero volver y ser lo que no he sido,
y poder vivir el tiempo que he perdido.

Quiero… quiero… ¡Señor, son tantas cosas
las que quiero y todas tan hermosas!

Quiero ser amor si tengo que marcharme
y ser amor también si tengo que quedarme.

INSOMNIO

Ahora que ya todo es silencio
ensayo las palabras,
pruebo las figuras
y aparece, línea a línea,
con cada gota de sudor,
el poema engendrado entre tinieblas,
el verso esculpido golpe a golpe;
«Amor, son todas mis palabras…».

Y puntos suspensivos,
cautiva la idea,
cortada la expresión
por seguir la ley de la gramática.

Pero, ciertamente, no es eso
lo que quiero expresar,
lo que mueve mi mano
a romper la blancura del papel;

es mucho más
que dejar constancia
de que tus huellas quedaron cinceladas
en el oscuro mármol de mi vida.
«… el eco doloroso de tu ausencia…».

No buscaré al verso consonante
para decir por qué te necesito.

La quietud y el silencio me rodean,
mientras todo duerme
y el sueño me rehúye.

Tal vez no sea cierto que te amo

Tal vez no sea cierto que te amo
y sea que no quiero contrariarte nunca,
prefiera asentir con la cabeza cuando tú me miras,
y la paz y el silencio antes que discutir,
abrazarte con ternura y no gritar.

Y todo sea un sueño urdido por mi mente
que no cesa de recordar tu tenue cuerpo,
tu cuerpo aparentemente débil, blanco,
y tus senos apenas esbozados,
apenas hermosamente senos.

Tal vez no sea cierto que te amo
y sean fruto de genio o de fantasma
el calor de tus manos cuando me abrazan
y el calor de tus labios si me besas.

Tal vez no sea cierto que te amo
y sea mi constante recordarte un pasatiempo,
mi ansias por verte, para no aburrirme,
y la angustia que me invade, un pasatiempo.

Y sean fantasía los celos que me hieren,
e ilusión fútil sentirte y poseerte,

y un juego de niños la espera que me oprime
si transcurre un día y no he podido verte.

Tal vez no sea cierto que te amo,
pero entonces, dime tú, qué es lo que siento

Me quito el disfraz

Me quito el disfraz ante el espejo,
pero la imagen que veo no es la mía.
Perdido en la vorágine
de lo llamado «normal» y «cotidiano»,
he ido matando lentamente
el «yo» que, seguramente, nunca he sido.

Porque ¿quién soy realmente?
Un cúmulo de anhelos defraudados,
un montón de rotas esperanzas,
unos ojos que solo ven mañana,
porque el ayer y el hoy
me han ignorado.

No encuentro la respuesta a mis interrogantes,
porque la imagen del espejo permanece muda,
y vuelvo de nuevo a disfrazarme,
a hundirme de nuevo en la vorágine
de lo llamado «normal» y «cotidiano»,
y a sonreír tan solo externamente,
mientras llora el corazón
el paso de la vida.

AMANTES

Ni tú ni yo tememos a la vida.
Ni tú ni yo tememos al presente,
ni tememos al tiempo, aunque se ausente,
ni sabemos de golpes ni de heridas.

Está del amor la luz hoy encendida,
la esperanza extendida como un puente
y nada se nos hace indiferente:
ni llegada, ni estancia, ni partida.

En perpetuo conflicto nos movemos,
mas con paso seguro proseguimos,
pues el miedo los dos desconocemos.

Si abrazados tan fuertes nos sentimos,
tal vez un día a todos mostraremos
que en el fuego de amor nos consumimos.

HOMENAJE

A Isabel Oliver

Cuando veas alguno en cualquier parte
—y siempre los tenemos con nosotros—,
aunque no lo hagan ni lo quieran otros,
dales todo el amor que tú has de darte.

Lo que eres tú lo fueron ellos antes:
su cuerpo era una eterna juventud
desbordante en pasión, fuego y salud,
cuando aún eran tus pasos vacilantes.

Hoy, que en ti el amor vive y florece,
y libre de ansiedades y desvelos
en tierra fértil cada día crece,

elevando tus ojos a los cielos,
tu corazón agradecido rece:
«Gracias te doy, Señor, por mis abuelos».

DESCANSA, DUERME, NO PIENSES...

Descansa,
detén la marcha de las cosas,
el ritmo del mar, por ejemplo,
el curso de los días y las noches,
y el tictac de todos los relojes.

Duerme,
y deja que cuanto nos sucede
transcurra inevitable por nosotros,
como marcado designio de los dioses,
grabado desde siempre en nuestras vidas.

No pienses,
frena la marcha de tu mente.
Nada importa.
Mata, pues, idea y pensamiento,
la mínima expresión de inteligencia,
el más ínfimo atisbo de cordura.

Olvida
la angustia sin fin que nos rodea,
los pasos indecisos, las manos temblorosas,
las caídas que siempre se repiten,
la larga agonía que es nuestra existencia.

Descansa, duerme, no pienses, olvida,
y así, tal vez, cuando vuelvas a la luz,
esta vida haya sido un sueño,
un espejismo apenas entrevisto
en el ardiente desierto de la nada.

POST MORTEM

Cuando yo muera, por favor os lo pido,
no lloréis por mí.
Os lo digo ahora y con tiempo;
no quiero ningún tipo de epitafio,
ningún recuerdo
grabado en el mármol del sepulcro,
ni dispongáis urna para mis cenizas.

Si alguien encuentra mis poemas
y os dice que soy —que fui— un genio,
un gran poeta,
encogeos de hombros
sin hacerle caso,
porque mi muerte
no cambiará la calidad
de mis escritos.

Permitid que lo repita:
que nadie me llore,
no quiero lágrimas no sentidas,
duelo que no salga del corazón.

No me llevéis flores;
los muertos no pueden olerlas.
No me hagáis ningún homenaje
ni levantéis monumento a mi memoria,

—porque nunca tuve mucha—,
ni guardéis recuerdo
del día que nací.

Si no soy nada ahora que vivo,
¿qué seré cuando haya muerto?
Polvo que no sentirá
ni llantos, ni plegarias.
Resumiendo: olvidadme.
Olvidadme muerto,
como me habéis olvidado
mientras vivía.

Para Ana, mi hija
(hoy cumple un año)

Hoy hace un año
—contado día a día—
que viniste a nosotros,
ángel sin alas, pequeño, luminoso,
trayendo contigo la alegría
en tus manos de leve mariposa.

Yo era un hueco, un vacío,
un triste árbol desnudo
cuando el invierno caía suavemente
y el frío se pegaba a los cristales.

Entonces me rozó su mano amiga,
tan suave, tibia, temblorosa
—tu mano, amor, ¿aún lo recuerdas?—,
y su cuerpo y el mío se encontraron
dándose calor y paz,
venciendo el asedio de la noche.

Matamos dos soledades juntas
y caminamos unidos
por un sendero nuevo,
donde tú nos esperabas
—ángel sin alas, pequeño, luminoso—.

La vida se hizo primavera
superada la angustia del silencio,
de no sentir tu llanto,
vencidos tantos temores
de aún no conocerte.

Y crecimos un poco cada día
hacia afuera —como crece el amor—,
su amor y el mío,
cuando la duda del futuro ya se ha ido.

Ha pasado un año
—contado día a día—,
y aunque lejos de ti
por este corto tiempo,
mi corazón ríe y se alegra
de saberte feliz en tu inocencia,
pensando que el amor
—su amor y el mío juntos—
estarán contigo ahora y siempre,
año tras año,
contados día a día.

7 de julio de 1986

PARA EVA, MI HIJA

La noche se hizo luz
cuando llegaste.

¿De dónde me nació esta primavera
que a entender mi corazón no alcanza?
¿Qué hice para merecer esta alegría,
este manojo de ilusiones
que en mí se desbordan cada día?

¿Para qué recordar ahora a la angustia
de verte aquella vez primera
tan débil, tan indefensa, tan sola,
avecilla sin plumón?

Tu pequeño corazón
latiendo desafiante,
haciéndole a cada instante
un guiño al torpe futuro…

¿Quién retiene en la memoria
el dolor de aquellas horas
en la noche larga y triste?

Lloraba, secos mis ojos,
herido y solo
en el vacío profundo
del tiempo que se detiene.

Horas de oscuridad desesperada
donde el silencio
golpeaba inmisericorde
mi pecho con fieros puños,
mientras yo te contemplaba
escuchando tu llanto
sin poder alcanzar a consolarte,
separados por un muro transparente
que solo podían traspasar
mis angustiados ojos.

¿Para qué recuerdos tristes?
Desde que tú viniste
a llenar de luz mis días
con la luz de tu mirada,
a colmarme de ternura
que de tus manos desborda,
a llenarme de esperanza
ante el porvenir incierto…
solo me importa el tenerte,
encantarme al contemplarte,
viéndote crecer fuerte y segura,
llena de fe en el mañana
que no tardará en llegar.

Lucharé porque tu vida
se escriba en páginas llenas
de amor y de entusiasmo
que nadie pueda borrar.

Y a quien tanto a ti te quiere
hazle tú un huequecito
—no importa si chiquitito—
dentro de tu corazón.
Yo te prometo que siempre
tendrás un sitio en el mío
tan tierno, tan calentito,
que no lo querrás dejar.

18 de mayo de 1994

LA INDIFERENCIA

… mientras, elevo los ojos al cielo
en silenciosa súplica
y espero el milagro.
La esperanza permanece.
«Canción en un claro atardecer», Carlos Luján

La radio estaba dando la noticia:
«¡Guatemala ensangrentada!».
También lo dieron en la televisión
con imágenes de muertos en las calles.
«¡Guatemala se debate
en una guerra fratricida!».

Yo estaba sentado en mi cama
y sonreía.
Al día siguiente,
la noticia apareció en todos los diarios:
«¡Guatemala en armas contra el dictador!».

Yo me preguntaba:
«¿Por qué esta guerra
causa tanta sensación?».

Tomé un mapa,
lo abrí ante mí
y comprobé que medio mundo estaba en guerra
y en el resto reinaba la injusticia.

La gente parece ignorar
que la guerra es lo cotidiano.

La radio repetía una y otra vez la noticia:
«¡Guatemala ensangrentada!».
Yo me tumbé en la cama
y me dormí tranquilamente.

CABALLO

Han domeñado tu furia
y han apagado tu fuego y tu bravura;
han cautivado tu fuerza,
dejándote poner freno y bocado:
ya eres una sombra vacía de ti mismo.

Han convertido tu galope
en andadura vacilante
y te han quitado el futuro de tus ojos.

Tu línea de pura sangre
se ha quebrado bajo el peso del trabajo:
te han cortado las alas
del mitológico Pegaso.

Te aprisionaron con riendas,
te convencieron con caricias,
que es mejor el carro y el arado
que la libertad.

Ya no rasga el viento tu silueta,
ya no ondean banderas en tu cuello,
ya la tierra a tu paso no retiembla.

Pero tu sitio está en la batalla,
porque aún resuena en tu cerebro

el clarín llamando a la contienda,
el chocar de espadas y corazas,
los gritos de dolor y de agonía.

Cuando al caer la tarde
te veo impaciente olfateando el aire,
levantando nubes de polvo al cielo
y escucho tus relinchos,
sé que no estás muerto:
tu libertad se acerca.

MIENTRAS TANTO, TE LLAMARÉ ENIGMA

(… hasta que emerja tu figura carnal
con el nombre verdadero por el que pueda llamarte)

I

¿Dónde estás?
¿Cómo es la forma de tu rostro?
¿Y el color de tus ojos?
¿Eres alta o baja,
rubia o morena?

¿Te gusta Bach igual que a mí
o prefieres a Wagner?
¿O simplemente odias
la música clásica?

¿Eres alegre?
¿Triste? ¿Introvertida?
¿Cómo te llamas?
Y ¿cuándo llegarás a mí?

Yo, mientras tanto,
y hasta que aparezcas,
te llamaré Enigma.

II

Hoy la soledad
mordió mi cuerpo,
hizo de cada segundo
una cadena
y me ató a tu olvido.

Quise renunciar a tu recuerdo,
pero no pude;
llovía en mi cerebro
y la luz de la esperanza
—que en mí nunca se apaga—
a punto estuvo de fundirse.

Ahora que puedo decir tu nombre,
ahora que Enigma ya se ha muerto,
iré a buscarte
y juntos haremos el milagro:
encenderemos el fuego contra el viento,
lanzaremos al mar nuestro velero
y llamaremos a cada estrella por su nombre.

No renunciaré a ti,
aunque me cueste la vida.

III

¡Cuántas veces he pensado en ti
construyendo y recreando
tu imagen en mi mente!

¡Cuántas veces habré idealizado
tu figura en mis poemas,
como se sueña despierto
aquello que se ama!

¡Cuántas veces te habré llamado
quedamente,
deseando tu presencia,
anhelando oír tu voz,
esperando que tus formas
se hicieran realidad!

¡Cuántas veces he querido
cambiar por un nombre de mujer
el nombre de Enigma que te puse!

¡Cuántas veces mis dedos
han dibujado la línea de tus labios
y he ansiado saciar mi sed en ellos!

¡Cuántas veces me he dicho!:
«Ten paciencia
y sigue al tiempo paso a paso,
porque es inútil
amar a un ser invisible que no existe».

Porque cuántas veces, Enigma, te he querido,
he amado a un fantasma sin quererlo.

IV

A veces pienso en ti
pero, ya sabes, sin pensar,
porque te llamas enigma.

Hay una cosa que me asusta;
que ésta tristeza mía nos separe.

Hay mil silencios en mí
mil soledades viejas
que serán tus enemigos.

Pero no temas,
juntos, los venceremos

V

Busco la paz,
pero no quiero estar solo,
y si no estoy solo,
no tengo paz.
Hasta que tú, Enigma, no vengas,
y hasta que deje de llamarte Enigma,
la paz será para mí
sinónimo de soledad,
y eso me asusta.

Ven pronto.

VI

Tengo tan pocas cosas que contarte
que no sé por dónde empezar.

Todo está aquí, en mi carné de identidad,
lo que fui y lo que soy.

De lo que sí puedo hablarte es del futuro,
pero el futuro me asusta.

Entonces te hablaré de mi carné de identidad
y después los dos callaremos.

¡Tengo tan pocas cosas que contarte…!

VII

Calculo que hay en esta plaza
más de cien personas
y, cosa curiosa, no conozco a ninguna.

Ese reloj que suena ahora
dando las seis de la tarde
lo he escuchado mil veces,
pero no sé dónde está.

Y esa joven que cruza ante mí
la he visto pasar toda la vida
por mi mente,
pero no sé cómo se llama.

Yo siempre la llamo Enigma,
porque aquello que nos es más familiar
es lo más desconocido

VIII

Sombrío el gesto,
amarga la palabra,
inquieto el ánimo,
camino cada día
imperceptiblemente,
quién sabe si a tu encuentro.

Pero tú eres Enigma
—¿lo eres?—
al final del camino que recorro,
un espejismo tal vez, como otros muchos
que han ido muriendo despacio,
un sueño edificado por la fiebre
que, con la luz, no puedes recordar;
un misterio nunca desvelado,
un rompecabezas que intento,
inútilmente,
formar en mi cerebro.

Todo aquí, en mi mente, es niebla
y, al otro lado, solo hay sombras
que toman otras formas,
extraños girones de humo y nada
que no se desvanecen.

¡Cómo me gustaría aprehender tu imagen
y, haciéndote corpórea ante mis ojos,
tomar tus manos en las mías,
y sentir tu voz acariciarme,
cálida, como un sol de otoño,
para que las largas sombras de mis noches
desaparecieran engullidas por tu luz!

Pero sé que pasará el tiempo
como un soplo, inaprehensible,
veloz como una vida,
y tú te desvanecerás ante mis ojos,
envuelta en un halo de neblina.

Yo me quedaré otra vez solo
o, dicho de otra forma,
al final de todos mis caminos
te seguiré buscando, Enigma.

VIII

A la muerte de Enigma

La vi marchar después de algunos años,
quedó mi casa sola, no vacía,
y supe que ya nunca volvería,
que por siempre seríamos extraños.

Así pude acabar con los engaños
y aquella incertidumbre que sentía;
Como la niebla el sol desvanecía
al no dejar en mí rastro de daños.

Cerré la puerta con un golpe frío
y ya no hubo ni queja ni lamento
cuando le puse fin al largo estigma.

Sentí pasar la vida como un río
y tañer las campanas al momento,
porque, por fin, había muerto Enigma.

MIENTRAS EL DÍA LLEGA

(Reflexiones para después de una siesta)

I

Sentado aquí, en silencio,
escucho mil ruidos,
mil voces sin sentido,
girar la vida.

Una muchacha a mi lado
se muerde impaciente las uñas,
esperando impaciente a quien no llega.
En cambio, yo no espero a nadie
y nadie se muerde las uñas
esperándome impaciente.

Por eso, cualquier visita
es para mí una agradable sorpresa.
Quizá cuando tú llegues, Enigma,
después de haberte esperado tanto tiempo,
no me encuentres:
me habré marchado.

II

Todo esto que escribo
¿será útil a alguien?
Creo que nadie más que yo
lo va a leer.

Todo es palabrería inútil,
porque no sirve para romper
el muro de silencio levantado
entre mí y los que me rodean,
entre esta muchacha,
que espera nerviosa a quien no llega,
y yo, que no espero a nadie,
pero tampoco soy capaz
de decirle una palabra.
¿Quién levantó el muro?
Si he sido yo, dadme una herramienta,
quiero derribarlo.

III

A un lado del banco yo
y en el otro lado nadie.
La soledad y yo
siempre hemos sido amigos inseparables.

Es mi enemiga que nunca me abandona,
mi única compañera.
Aunque, si tengo la soledad,
no estoy tan solo.

IV

Solo los niños
con sus caras inocentes
hacen que brote de mis labios
la sonrisa espontánea.

Cuando los miro a los ojos,
encuentro la luz y la paz
en el oscuro camino de la vida.
Quizás deberíamos ser menos hombres
y un poco más niños.

V

Veo la luna velada por las nubes,
gris, fea, sucia,
y no entiendo la poesía
ni los cantos que los poetas
dedican a este cuerpo luminoso,
pero sin vida.

Mejor es cantar
a aquellos que luchan,
que caen envueltos en sangre
por sembrar el amor y la justicia.
Sería mucho mejor. Y más hermoso.

VI

A veces —casi siempre—,
me cuesta reír,
y cuando —casi nunca— lo consigo,
mi risa es falsa,
no hay en ella alegría.

Pero es que en todos estos años
nadie me enseñó este oficio.

Aprendí, en cambio
—y nadie me enseñó—,
a lamentar la fortuna del pobre,
a llorar la pena del huérfano,
a luchar al lado del débil.
Pero ¿de qué me ha servido?
De lo mismo que reír.
Por eso, cuando me río,
es como si llorase.

VII

El hombre —sin nombre—
cogió su máquina —una Yashica—
y se fue a pasear por la plaza

y a tomar fotos de las palomas.
Esto era cuando Ford
quería seguir siendo presidente
y Guatemala seguir viviendo.

El hombre compró un paquete de comida
y comenzó a tirársela a los niños hambrientos;
había miles de niños
y todos estaban hambrientos.

El hombre acabó de tirar la comida
y los niños hambrientos
se comieron al hombre
y a la máquina —una Yashica—.
Pesadillas.

VIII

Ahora el espectáculo son los pájaros
que vuelan en bandadas de miles
sobre mi cabeza.

Ya se juntan, se disgregan,
suben, bajan y se posan
como un torbellino sobre los árboles
de este hermoso parque.

Ahora el espectáculo
no es la miseria,
ni el hambre,
ni los niños.

A mí me gustaría ser pájaro
ahora que los gavilanes se han ido.

IX

Estoy cansado de luchar,
cansado de luchar,
cansado de luchar…
Pero no hay paz ni tregua
en esta inútil lucha.
Tan solo, a veces,
apenas un respiro,
una mínima concesión
al parpadeo,
un segundo de alto el fuego
para volver de nuevo a la pelea.
Lo más extraño de todo
es que a veces desconozco
quiénes son mis enemigos.

X

Juego de niños

Los niños juegan en la plaza
con las palomas.
Los hombres —los niños grandes—
juegan también con las palomas.

El domingo y la vida se acaban,
pero antes hay que ser niños
y jugar con las palomas.
Yo estoy entre el hombre y el niño,
y por eso no juego con las palomas.
Solo juego a vivir entre poema y poema.

XI

Mater Hispania

Nosotros les dimos las bases
y ellos nos dieron chicles y Coca-Cola.

Nosotros dijimos
que habíamos hecho un gran negocio;
ellos no dijeron nada y se quedaron.

Pero nosotros estamos muy contentos,
porque, después de todo,
la «Madre Patria» debe cuidar
el futuro de sus «hijas».

XII

Cervecería

El primer número que acude a mi mente,
sin saber por qué, es el doce.
Sin embargo, el suelo —¿rojo?— está sucio,
lleno de horas y de ideas vanas
consumidas entre el humo.

Las voces son como los cuernos
del ciervo que adornan la pared,
agudos como las miradas
que se cruzan entre machos y hembras.

La cerveza del ocio se descuelga
por la comisura de los labios,
mientras un guardia pone una multa
a un motorista.
Una hermosa manera
de perder el tiempo.

... Y CUÉ[1]
EN MEDIO DEL PAISAJE

(Poemas apresurados)

1   Localidad perteneciente al concejo de Llanes, en Asturias, del que lo separan 2 kilómetros. Está situado a 43° 24' 44" latitud Norte y –4 44' 4" longitud Oeste. En 2012 tenía una población de 251 habitantes, según Wikipedia.

I

Paisaje nocturno

Detrás del cementerio
de blancas y alineadas tumbas,
junto a la vieja iglesia,
desciende el camino suavemente.
La luna agiganta las sombras
de los árboles y las rocas
que bordean el camino hasta la playa.

Solo la brisa en los cipreses
rompe el nocturno silencio,
y un perro, a lo lejos,
ahuyenta los oscuros fantasmas
en el patio de una casa,
y un coro de aullidos se le une
en infernal concierto.

Luego la calma renace lentamente.
En Antilles el tiempo se detiene,
el mar respira hondo su resaca
y una barca en la playa
parece dormitar.

Mis pasos se quedan grabados en la arena
cuando asciendo el camino de regreso,

mientras Cué descansa
y yo cierro los ojos para poder ver
lo que la luz me oculta.

II

Cae el orballo
interminable,
con igual monotonía
con que chocan las olas con las rocas.

El cielo gris
llora la tristeza
y todas las penas de esta tierra.

Cué es un desierto
en esta hora inmóvil,
porque vive del sol
y para el sol,
y ahora está oculto.

Aquí y allá
se ve de tanto en tanto
a un hombre, guadaña al hombro,
camino de la siega.

Mañana, sin duda,
brillará nuevamente
el sol en esta tierra,
alumbrando la esperanza.

III

La chica del bikini rosa

Tiene el pelo claro,
la juventud desbordando su piel
y un futuro de esperanza
dibujado en sus pupilas.

Ayer la vi en la playa
y ahora la contemplo
mientras mira una revista.
Su tez es sonrosada
y un algo encantador
emana de toda ella.
Cuando sonríe,
muestra sus dientes blancos
de chica bien alimentada.
Mira a los ojos fijamente,
porque, sin duda,
nada tiene que ocultar.

Aparte de lo externo,
yo ignoro su nombre,
su origen,
adónde va,
de dónde viene,
qué piensa
y cómo vive,
cuáles son sus ilusiones,
la meta que persigue
y qué piensa del futuro.

Realmente desconozco de ella
lo único que me interesa,
porque el conocimiento físico
tan solo me sirve
para saber que me gusta.

IV

Tiempo de lluvia

No me gusta este tiempo,
porque hay que buscar refugio
tras los cristales,
y así se ven las cosas
desde otra dimensión.

El mar está encrespado
y las tiendas de campaña
—allá, al final del camino—,
perdidas entre la niebla,
tienen formas fantasmales.

El verde de los campos
se ha mezclado con el gris del cielo,
y las líneas del paisaje
se difuminan inconcretas
en el aire.

La lluvia entristece el espíritu
y hace perder de vista el horizonte.
Por eso yo prefiero que salga el sol
y que ilumine todos mis días,
para que el futuro
parezca más cercano.

V

El mar es como la muerte:
amigo o enemigo;
todo depende
de cómo te enfrentes a él.

VI

Impresiones

Piedras desgastadas,
paisaje de mil tonos
en un mismo color;
mar tranquilo
bordeando otro mar
de verde interminable.

Voces de chiquillos
que juegan gritando a todas horas;
sol injusto y pobre de caricias,
lluvia persistente
que cae día tras día,
hasta el cansancio.

Espíritu abierto,
amistad entregada libremente;
manos que se abren generosas
a quien lo necesita;
vapores de alcohol
corroyendo poco a poco
las rocas de este pueblo.

Y pasarán mil años
y estarán las mismas piedras,

el mismo mar tranquilo
que a veces se enfurece,
y el mismo mar
de verde interminable.

Y habrá otros niños
jugando y gritando a todas horas,
porque los otros
habrán pasado ya,
irremediablemente,
en medio del hastío
de un paraíso
donde todo es hermoso
—mar, cielo y amistad—,
excepto, quizás, la vida,
harta de sombras

y lento transcurrir
de los hijos de esta tierra.

VII

He venido aquí
en busca de paz y de descanso,
en busca del sosiego que mi cuerpo
no hallaba en la ciudad.

He venido aquí
en busca de amores y aventuras
que hicieran a mi espíritu
despertar de su letargo.

He venido aquí
en busca del mar y del paisaje,
y a reencontrar el amor
de las sencillas gentes
que nunca he olvidado.

He venido aquí
buscando antiguas amistades
y el calor de aquellos cuerpos
que nunca pude olvidar.

He vuelto aquí,
porque desde el primer día
en que tuve que alejarme de esta tierra,
tan solo pensaba en el regreso.

VIII

Hay niños en la playa
jugando con las olas del mar
y hay, también,
un pedazo de arena que se acaba.

Acechan las nubes de tormenta
en un cielo gris que se desploma
hecho una furia de lluvia y fuego,
porque no sabe de juegos inocentes.

Rodeados por el mar
que golpea, ebrio de poder,
están abandonados a sí mismos.

Cuando el mar y el cielo
intenten con su furia destruirlos,
tan solo las rocas podrán protegerlos.

IX

He visto la casa allá a lo lejos
—sobre el verde esmeralda del islote—,
de piedras blancas
y puerta eternamente abierta.

La casa apunta al cielo
cortándole la línea al horizonte,
hecha accidente artificial
en medio del mar y de las rocas.

La he mirado
y he creído ver un parecido

entre esta casa y mi vida,
abandonada a su suerte,
amenazando ruina,
marcando las horas a la muerte,
manteniéndose en pie
contra todo y contra todos.

HOJAS DE OTOÑO

SEGUNDA ÉPOCA

Caen las hojas,
se desnuda el árbol,
la vida continúa.

Ruptura

La calle es hojarasca, niebla y frío;
la luz mortecina del farol alumbra
el paso silente de un gato aburrido,
que parece perseguir su propia sombra.

El cristal de la ventana es la pizarra
donde dibujo corazones con el dedo,
mientras mis ojos se cubren de rocío.
Dormida te contemplo.

La luna es un foco
que atraviesa el cuarto como daga
y te ilumina recortando tu figura.
Dormida te contemplo. Tu cuerpo
es una isla en este mar en calma,
dilatado, profundo y alejado de mí,
en esta hora sombría que me atrapa.

No quiero despertarte.
Resuena aún el eco
de las hirientes palabras que dijimos,
y no podría soportar de nuevo
ver en tu rostro el rictus de amargura
clavado en mi pecho como fuego.
Hay tanta distancia entre nosotros…

Quisiera acostarme a tu lado y abrazarte,
pero el demonio cobarde que me habita
bloquea mi espíritu cansado.

Me acerco a ti y te acaricio el pelo
y un profundo suspiro me responde.
Cojo mis cosas y me voy despacio.
Fuera, la calle es hojarasca, niebla y frío.

II

La miro por última vez,
mientras grabo en mi cerebro
las líneas de su rostro.
Su pelo es una ola
sobre la almohada.
Su respiración, tranquila,
está ajena en su confiado sueño
a todo mi martirio.

Cojo mis cosas y me voy despacio;
fuera, la calle es hojarasca, niebla y frío,
pero no me importa;
ni mi corazón, hecho pedazos,
ni mi sangre, hematocrito muerto,
distinguen ahora entre el calor y el hielo.

Mi cerebro es una tenebrosa función
sin guion, sin director,
sumido en un vaivén de incertidumbre,
incapaz de pensar,
incapaz de creer
si algún día podré lograr recomponer,
como un puzle, las piezas rotas
de esta bomba llamada corazón.

III

Me pongo a pensar en el sinsentido
de todas las frases hechas
que se han dicho del amor
y, de todas ellas, he comprobado
que dos son mentira; de las demás
prefiero no hablar.
Porque ni se muere de amor,
ni el corazón se rompe,
aunque puede sufrir
serios desperfectos.

Me fui de su lado llevándome
mis pocas pertenencias:
una maleta llena de fracasos,
un LP de los Beatles,
su última imagen hecha foto

en mi cerebro,
y la firme voluntad de no reconstruir
más sueños
derruidos por el olvido
que, muy pronto, serían ya historia.

No quería que lo que fue un amor vivo
—por el que podía caminar erguido—
se transformara en polvo y asfixia
que acabara por matarnos.
Hoy sé que ahora es feliz,
que estamos lejos el uno del otro,
pero más vivos,
más verdaderamente humanos
que cuando, en lugar de soltar amarras,
en lugar de extender nuestras alas,
ceñíamos más el nudo que nos ahogaba.

IV

Ahora vuelo sobre blancas playas,
sintiendo el aire golpear mi pecho,
la vida surcando las olas de mi nuevo «hoy»,
mientras sigue la vida su inexorable curso.

NOCHE Y DÍA

Para Isabel

Noche.
Luna apenas desvelada
tras las nubes.
En mi cama,
ya no duermo,
pues tu ausencia
deja mi cuerpo
como hielo.

Lejanía.
Sudo y lloro,
y envuelto en este tormento,
ya una vuelta,
ya otra vuelta,
y mi mente juega al corro.

Pesadillas.
Cuando mi mano te busca,
encuentra solo el vacío
que has dejado.

No hay remedio
para curar estos males
que me ahogan,

y veo pasar las horas,
pero todos los relojes
se han parado.

No respiro
—¿ya estoy muerto?—,
mientras escucho las voces
que me dicen:
«Ten paciencia,
ya está rayando la aurora,
pronto otra vida comienza».

Día.
Ya voy de nuevo a tu encuentro.
Te miro mientras te acercas
con esos pasitos cortos
de tu andar,
y cuando llegas, te abrazo
y te beso lentamente,
y mi alma resucita
cuando te vuelvo a besar.
Ya no hay noche,
ya no hay sombras en mi cama,
ni sueño cosas extrañas,
porque tú consigues darme
el valor que yo no tengo
cuando dices que me amas.

A MIS SOBRINAS ALONSO MOURE (ACRÓSTICO)

E s un tiempo difícil, complicado, hay
U n mundo en crisis que se muere
G angrenado por el odio y la avaricia,
E n feroces guerras desangrado.
N adie sabe el camino verdadero;
I ncluso los que dicen que son guías
A ndan perdidos, guías ciegos de otros ciegos,
R eptando sobre el polvo del sendero.
O tros mienten y engañan cuando hablan;
S on políticos de tics y muletillas,
A ncianos ignorantes de la vida,
A rtistas del señuelo y la patraña.
N unca dejarán que seamos libres;
A ntes querrán que, puestos de rodillas,
A ndemos la estación de penitencia
N egándonos el pan y la existencia.
G eneración perdida, yo te pido,
E n esta hora de luto y de sudario:
¡L evanta barricadas con tu voz y con tu puño!
¡I ncendia con palabras sus defensas!
¡C onquista sus torres almenadas
A l compás del verso y del poema!

FIEBRE

Sumido en visiones
de un mar en calma,
las velas rotas hechas girones,
mi pobre alma, sola y herida,
que tu presencia puede sanar,
cae y se hunde en sueño febril.

Busco tu mano y no la encuentro,
busco tu cuerpo, pero no está,
salgo a buscarte —¿adónde has ido?—:
estoy perdido, sin voluntad.
La luz va entrando por mi ventana,
pero yo sigo en la oscuridad;
la angustia vive, aquí, en mi pecho;
me invade, fiera, la soledad.

¡Vuelve a mi lado, amada mía!
Dame la vida, que si te vas,
sin tu presencia solo en la muerte
tendré por siempre la ansiada paz.

Abro los ojos, fue un mal sueño,
miro tu cuerpo, dormida estás;
ahora suspiro, feliz, aliviado,
porque sé que a mi lado
te quedarás.

PARA CLAUDIA, MI NIETA

Aún no levantas dos palmos desde el suelo
y son tus pasos pequeños e inseguros
cuando ya intentas saltar los altos muros
y vienes con un palo a retarme en duelo.

Eres pajarillo sin alas para el vuelo
y brilla en tus ojos la fuerza de los duros
que derrochan su vida en ideales puros
y buscan sin miedo conquistar el cielo.

No sé si te verán mis ojos mujer hecha,
porque es el futuro siempre incierto;
a todo cuanto venga estaré abierto,
porque nadie le pone hora ni fecha.

Que vivas en la fe, no en el recelo,
y vuele tu corazón siempre despierto,
para llegar con libertad al puerto
donde siempre te esperará tu abuelo.

TÚ Y YO

Tú y yo somos esos niños
apresando el tiempo en nuestras manos,
las miradas jugando al escondite
sin saber del mal, sin conciencia del dolor,
abrazados los dos
sin diferencias.

Solos tú y yo
mirando inocentes
al mañana lejano
que, tal vez, nunca llegue,
sin saber de esperanza,
comiendo presurosos
los días cuando llegan.

Tú y yo, nosotros,
como espíritus aún libres,
habitantes de un tiempo
que huye presuroso
hacia el olvido de ayer;
con el recuerdo de hoy,
por un mañana presente.

POEMA AMARGO

Vivo sin vivir en mí,
que la vida no me alcanza
y es la muerte mi esperanza
si tengo que estar sin ti.

Ponme otra copa, amigo camarero,
de ese buen vino de Rueda o de Rioja
que si sigo bebiendo, se me antoja,
será más dulce el puñal con que me hiero.

Llena otra vez la copa, que prefiero
verme el color de la nariz tan roja
como su corazón, del que me arroja
con su frío mirar y el gesto fiero.

Acércame tu oído a mi lamento
y oye mi confesión siendo un extraño,
y lléname esta copa porque siento

mi corazón herido por su engaño.
Una mujer me causa el sufrimiento
y es ella quien se goza con mi daño.

Este amor que yo sentí
me despoja de templanza
y, perdido en la añoranza,
vivo sin vivir en mí.

Para Isabel

Porque la vida, en el fondo, es un carnaval.

Te conozco tan bien —y tú lo sabes—
que ya sé con mirarte lo que sientes;
si estás triste o alegre o si me mientes,
aunque sea con palabras suaves.

¿Qué puedo hacer para lograr que un día
se rompa el rictus que a tu cara asoma
y aparezca en su lugar esa alegría
que de la luz del sol prestada tomas?

La tristeza es un lastre en esta vida
que nos impide gozar lo más hermoso;
el amor compartido, el bien precioso
sin el cual la esperanza está perdida.

Vive en **Las Ruinas Romanas**[2] todo el rato,
como **El Golfo de Cádiz,** pero en bueno;
sé más golfa que **El Capitán Veneno,**
quien hacía de la vida un alegato.

Llena cada hora de compases gaditanos
y que vibre tu alma con unos carnavales,
alejando de ti todos los males
que quieran llegar hasta tus manos.

Hay tiempo para darse a la alegría,
metiéndote en la piel del buen chirigotero,
esperando que lleguen los días de febrero
para gozar en medio de tanta algarabía.

Siente como siente un comparsista,
vive como viven **Los Ladrones,**
disfruta con **Los Millonarios** —sin millones—,
viviendo la vida en alegría
que el amor a vivir de esta manera nos invita.

---

2 Las palabras marcadas en negrita son títulos de comparsas y chirigotas de Juan Carlos Aragón Becerra.

ÓRBITA

Primero fue tu joven cuerpo,
tu cuerpo primaveral en el estío
lo que mis ojos vieron esa noche.
Era julio.
Tenía lleno el vaso y vacía el alma,
y el triste corazón para pocas fiestas
—a pesar de que me hallaba en una discoteca—,
donde la música estridente
parecía quebrar, por igual, brazos y piernas
de una multitud que, embriagada
por no se sabe bien qué espíritu,
llenaba su cuerpo de alcohol y humo,
y su cerebro, de un extraño brebaje
que algunos dicen que sabe a soledad.

Yo paseaba mi vaso
lleno de frío e insípido zumo.
Tú eras una reina sentada en su escaño;
yo, la tierra orbitando
cada vez más cerca de ti,
de tu campo de gravitación.

Supe que nuestro encuentro
no iba a tardar en producirse
y que el amor brotaría
como planta entre las piedras,
creando de los dos un solo mundo.

Y así fue; se unieron mi soledad y tu tristeza
gestando un ente limpio y nuevo,
una criatura que ha ido creciendo
hasta hacer de nosotros dos astros
que giran unidos en una sola órbita.

SONETO DE AMOR

Este soneto, amor, que te dedico
lleva dentro el amor que por ti siento,
un amor que es tan fuerte como el viento,
pero que, ¡ay, amor!, yo no me explico.

Si con este amor real me identifico
y quedarme en tu amor siempre lo intento,
puesto que no es tu amor ningún invento,
con un beso de amor lo ratifico.

Hicimos del amor una condena,
estando, amor, en este mar inmerso,
el amor que redime y encadena

a esta vida de amor siempre tan llena.
Se ha colmado de amor nuestro universo,
por eso escribo amor en cada verso.

Mi nieta Claudia (ACRÓSTICO)

M i nieta Claudia es una criatura
I nquieta, locuaz, de cuerpo hermoso;
N o conoce ni un minuto de reposo,
I nventando siempre alguna diablura.
E n su mente infantil hay aventura,
T odo es probar qué hay de novedoso;
A hora en su vida todo es luminoso,
C omprándonos con besos y ternura.
L e quedan por vivir aún muchos años
A ntes de que el futuro sea presente;
U n tiempo que traerá los desengaños
D e los que se librará si, sabiamente,
I ntenta eludir a los rebaños
A donde querrá enviarla mucha gente.

Un año más, y van 89

Para Francisco, en su aniversario

Antes de que el reloj se pare,
—el tuyo o el mío—
y la sombra oscura
nos cubra para siempre;
antes de que mi voz se apague
o tú ya no la escuches,
o el silencio se adueñe de nosotros;
ahora que aún podemos
mirarnos a los ojos
y darnos un abrazo,
si el momento nos lo pide,
quiero decirte
tan solo unas palabras
que expresen lo que siento:
siempre te he querido,
suegro, padre, amigo, compañero.

POEMA VACÍO

Este poema
no tiene sentido,
porque está vacío
como un lienzo en blanco.

Hagámoslo lleno
de fuerza y color.

Pongámosle letras
que formen palabras
que hablen de cosas
que tengan valor
y digan verdades
que abran los oídos
y descubran los ojos
de quien quiera ver.

Pongámosle «lucha»,
«libertad» y «vida»;
que suene cual grito
en el denso espacio
y agite conciencias
que duermen tranquilas.
Vamos a escribir:
«Abajo el tirano,
abajo la garra
que oprime sin tregua».

Quitémosle el mando,
el cetro y la vara,
dejémosle solo
y que muera en paz.

Llenemos de balas
el verso y la estrofa,
convertido en arma
con que disparar.

Démosle sentido
y que tenga el poema
fuerza y contenido,
pues, si está vacío,
¿a quién servirá?

MALA GENTE

Ojos huidizos que la noche prenden;
las mariposas que a su luz acudan
venden sus cuerpos y sus almas venden,
y hasta la piel como serpientes mudan.

Lucen un gran vacío por cabeza,
buscan ansiosos el placer prohibido;
ebrios de vino y hartos de cerveza,
viven tan solo a golpe de latido.

Tienen el alma negra y en su vida
solo existe lugar para el presente
que se va igual que sangre por la herida.

El final les vendrá —ya lo presienten—
cuando les llegue la hora de partida
y con su odio y su afán en paz revienten.

HUBO UN TIEMPO...

Hubo un tiempo
que se pierde en la memoria oscura
donde el hombre, asustado,
acechado por peligros y temores
que anidan en los sueños,
sintiéndose pequeño y desvalido,
buscó protección a sus temores
en el inmenso mar del firmamento.

Y halló allí, en lo alto,
el material donde esconder sus miedos
y creó mitos y dioses
—y algunos semidioses—
conforme a su semejanza,
poniendo en ellos cuanto el hombre era:
orgullo, pasión, odio, celos, venganza...

Después relató sus proezas
y cantó su miseria y sus maldades,
sus crímenes sin nombre contra todos,
contra los hijos, las madres, los amantes,
hombres y mujeres viviendo aquí en la tierra,
diosas y dioses viviendo en el Olimpo,
en una guerra que nunca ganó nadie,
porque en la guerra, al final, perdemos todos.

Tiempo después llegó a su mente
un rayo de luz que disipó tinieblas
y la amplia claridad mató a los dioses
y fuimos libres de mitos y leyendas.

A esa libertad donde vivimos
está nuestro espíritu aún encadenado,
porque los dioses que creamos
no están del todo muertos,
o será que fabricamos otros nuevos
y cada día los vamos renovando.

QUISE SER...

Quise ser Lope y Quevedo, mas no pude;
Miguel Hernández y Lorca, y fue un fracaso,
pero aquí sigo escribiendo por si acaso
aún queda alguna musa que me ayude.

Porque sin ella me queda el verso libre,
lleno de elipsis, hipérboles, metáforas,
con sinécdoques, epítetos y anáforas
que juntas no harán que mi alma vibre.

Escribir en verso libre es muy sencillo,
pues basta con unir palabras escogidas:
«... las esquinas del amor rompen las bridas,
pues la luna se ha pintado de amarillo...».

Para ser un buen poeta necesito
armarme de un coraje que no tengo,
porque este mundo exterior de donde vengo
se enfrenta al mundo interior en el que habito.

Quiero dejar mi sello en lo que escribo,
llegar al alma del verso y no marcharme,
pues mientras éste así quiera abrazarme,
con ardiente pasión yo lo recibo.

Nunca podré ser Machado, ni Neruda,
y nunca importará la forma en la que escriba,
mientras siga ardiendo en mí su llama viva
y venga alguna musa en mi ayuda.

Cuatro oficios

I

Los torturadores tienen un horario estricto,
porque su trabajo les ocupa todo el tiempo.
Llegan temprano a su empresa
a relevar siempre a un compañero
que le tiene la tarea preparada:
la víctima atada con cadenas
y, sobre una mesa, las herramientas
colocadas en orden admirable:
cuchillos, garfios, sierras,
martillos, tenazas, cables, pinzas…
y una bañera llena de agua limpia.

Hay también instrumentos eléctricos:
aquí una batería, allí un generador
—por si falla la corriente—,
todo organizado hasta el último detalle.

Las pruebas de acceso a este oficio
son siempre similares:
los candidatos no deben tener oído,
han de ser insensibles al dolor ajeno
y deben tener capacidad para mudar la piel
cuando llegan a su casa
y besan a su mujer:

«¿Qué tal hoy en el trabajo, querido?»,
y abrazan a sus hijos mientras se interesan
por cómo les ha ido el día y los estudios.

El único requisito que se les exige
es tener la cabeza y el corazón vacíos.

II

Los verdugos tienen un horario estricto
y, a la hora en punto, llegan a su trabajo,
comprueban que todo está en orden;
revisan la trampilla que hay en el suelo,
asegurándose de que no falle el resorte
que la abre.

Prueban que la cuerda del lazo corredizo
se desliza de manera adecuada.

Repasan el hacha y la guillotina
pasando un dedo por el brillante filo;
saben que el tajo debe ser definitivo
para separar la cabeza del tronco.

No dejan nada al azar. Es su trabajo
y cobran por él un buen sueldo.

Los verdugos tienen un contrato
que no contempla vacaciones

ni días de asuntos propios,
por el que no cobran horas extras
y siempre están dispuestos al trabajo.

Pero, sobre todo, es indispensable
que carezcan de alma y de conciencia.

III

Los políticos no tienen un horario estricto,
ni tampoco una jornada que tengan que cumplir
—salvo en contadas ocasiones,
cuando el jefe llama a filas—.

Van y vienen y están en todas partes,
y siempre tienen algo que decir,
aunque hablan un lenguaje extraño
que solo ellos y los suyos parecen entender.
Son los gurús de la aldea,
los brujos de la sociedad,
los sumos sacerdotes casi siempre intocables,
revestidos de un poder ilimitado,
intérpretes de los designios de los dioses
que, como buenos aldeanos,
debemos obedecer.

Deciden entre ellos
qué se puede o no se puede hacer.
Diseñan los mandamientos de la ley

—a la que llaman justicia—
y establecen la pena por incumplirla,
dejando un espacio en blanco
por si alguna vez les afecta a ellos.

Cuando unos se van vienen otros
que deciden —en su excelsa sabiduría—
cambiar todas las leyes
y diseñar otras que sean de su gusto.

Solo se les pide —al elegirlos—
que no tengan moral
y que perciban borrosamente la línea
que separa el bien del mal,
y que sepan anteponer su bienestar
al de sus conciudadanos,
también llamados —a veces— siervos.

Los políticos tienen que vivir
como si fueran a hacerlo eternamente.

IV

Los ciudadanos tienen un horario estricto que cumplir,
si no son ricos.

Se levantan temprano y trabajan —o no—
en todo lo que pueden:
los albañiles en la vendimia,

los ingenieros barriendo calles,
los fontaneros cuidando enfermos,
los carpinteros cosechando fruta…

Pero, sobre todo, los ciudadanos
son la materia que necesitan
los torturadores,
los verdugos
y los políticos,
porque sin ellos
su trabajo no tendría sentido
y tendrían que desaparecer.

Al ciudadano —a veces siervo—
solo se le pide fidelidad infinita,
obediencia hasta la muerte
y tener la cabeza rozando las rodillas.

LUNA AVERGONZADA

Tiene hoy la luz un algo de tristeza
en este día frío y desolado
que parece morir y aún no ha nacido,
como mueren el relámpago y el rayo.

No importa —o quizá importa poco,
o tal vez menos que nada—
la mujer envuelta en sangre y rota
que yace en esa calle despoblada.

La mira la luna, indiferente:
«Es una más de tantas que han caído
ante el golpe brutal, el puñal fiero,
la bala, la asfixia o el silencio»,
tal vez piense si pensar pudiera.

Avergonzada, se esconde en una nube
y huye veloz hacia su ocaso,
cubriendo con la sombra el cuerpo inerte.
No importa. Es una más. Pero ¿hasta cuándo
este rosario de vidas destruidas?
¿Cuándo cesará la sangre derramada
de manchar nuestra alma y nuestras manos?

Tal vez cuando entre todos
hagamos de esta causa una cruzada
y sintamos el dolor, aunque esté lejos,
como si nuestro mismo cuerpo mutilaran.

IN MEMORIAM

A mi sobrino Manuel Moure
y a sus cinco compañeros,
que se dejaron la vida en la mina
por la desidia y la incompetencia
de quienes pudieron evitar su muerte.

¿Adónde te fuiste de repente,
dejándonos a todos tan perdidos
que andamos a tientas, como ciegos,
buscando a oscuras el camino?

Te llevaste tu alegría, que era nuestra,
y a cambio nos quedamos con la pena,
con la cruel angustia de tu ausencia,
con la terrible soledad de tu partida.

Esperaremos por ti los que te amamos,
sumidos en el dolor de tu recuerdo,
viendo pasar el tiempo lentamente,
esperando lo imposible: tu regreso.

¡Has dejado un hueco que llenarlo
nadie podrá por más tiempo que pase!
¡Has dejado un rastro tan profundo
que no borrarán el viento ni la vida!

Estarás por siempre transitando
por nuestro corazón, y tu energía
hará que levantemos nuevamente
la vista hacia el futuro esperanzados.

Tú nunca creíste en la derrota,
siempre feliz mirando hacia el mañana
lleno de optimismo y alegría.

En ese espejo que fuiste nos miramos
para seguir cada día en la pelea,
sin doblar la rodilla ni un instante,
pues de esta manera te honraremos.

ETELVINA

No estuve en tu vientre nueve meses,
porque en tu vientre nunca fui engendrado,
ni mamé de la leche de tus pechos,
ni llevo tus apellidos, ni tu sangre.

No tuve que ser carne de tu carne
para que siempre me llamaras «hijo»,
ni tuvo tu cuerpo que parirme
para que siempre te llamara «madre».

Me diste tu amor porque quisiste
cuando viste en mis ojos la tristeza,
la soledad de un niño tan pequeño
que ansiaba una mano a la que asirse.

Y fue tu mano la que cogió la mía,
la misma que curaba mis heridas;
era tu regazo el que me protegía,
eran tus besos los que me dormían
y era tu voz el pañuelo de mi llanto.

El paso de la vida bifurcó el camino,
pero siempre supe mantenerme firme,
unido a ti estando en tu presencia,
unido a ti viviendo en la distancia.

Hoy que ya no estás yo me pregunto
si fui para ti un hijo agradecido,
si supe pagar amor tan grande…

Solo sé que vivirás en mi recuerdo
y que siempre, en mi corazón, serás mi madre.

HEMOS HECHO...

Hemos hecho de ti, mujer, polvo y ceniza,
o por lo menos lo hemos intentado.
Pusimos nuestro pie en tu cuello,
te atamos las manos a la espalda
y colocamos grilletes en tus pies,
y al final de la cadena
—que arrastras con nuestra complacencia—
llevas el peso de la ignominia
que pusimos un día sobre tus hombros.

Cada vez que intentabas levantarte
has sufrido los golpes y el escarnio
de nuestra estupidez.
Sembramos tu camino
de fosos y alambradas
y, con férrea voluntad,
quisimos frenar tu inteligencia
acusándote de bruja y de demonio.

Nuestra necedad sin límites
ha querido hacer de ti una esclava,
y cuando has intentado liberarte,
nos has tenido siempre enfrente
por no quererte a nuestro lado.

Ignoramos, mujer, que en esta lucha
perdemos nosotros si tú pierdes.
Nunca ganaremos si tú no ganas,
y nunca avanzaremos
mientras no andemos juntos el camino.

ESTE NO ES PAÍS...

Este no es país para viejos,
ni para jóvenes,
ni para mujeres ni para hombres,
ni para todos aquellos
que no se definen
como hombres o mujeres.

No es país para trabajadores,
ni para estudiantes,
ni para enseñantes.

No es el nuestro país para honrados,
ni para éticos, ni responsables,
ni para profesionales, ni para sabios,
ni para escritores, ni para artistas;
no es país para justos ni para altruistas.

Este es un país mezquino
para gente miserable,
para políticos de rancia estirpe
y caspa en las solapas
que se pegan al sillón con cola ultrafuerte
y no se despegan de él
ni con disolvente.

Este es un país de empresarios
que creen que dan acceso al cielo
a sus trabajadores por un mísero sueldo.

Es un país del propietario
que cada mes hace su agosto
pisando la cabeza a su inquilino.

Este es un país de curas y de monjas
que hacen creer en un lejano infierno
cuando ya lo tenemos con nosotros,
sin saber que ellos
están en la puerta los primeros.
Este es un país que lucha y se resiste
a dejarse arrastrar por la inmundicia
de los que siembran el odio entre la gente.
A pesar de todo, este es un hermoso país,
y es MI país,
y no voy a permitir que me lo pisen.

MI CUERPO

Mi cuerpo es la suma de los días
vividos uno a uno desde aquel momento
en que el llanto seco me llenó de aire
y me empujó a la vida sin saberlo.

Estoy hecho de escoria y de girones
de piel anudada a la esperanza,
al hoy marchito y al mañana muerto,
a un tiempo y a un lugar que son desierto.
Estoy ante el espejo. ¿Soy yo ese,
el que saca la lengua y guiña un ojo?
¿El que mira al espacio y lo trasciende
y observa su reflejo y no comprende?

Mis dedos recorren lentamente
las tenues dunas, montículos y valles
que han ido cambiando este paisaje,
convirtiéndolo en aridez y decadencia.

Pero, a pesar de todo,
mi cuerpo es mi cuerpo. Yo lo hice,
lo construí con aciertos y fracasos,
le di la forma que a mi nombre atiende;
cabeza y tronco, dos piernas y dos brazos.

Soy lo que soy y esto es lo que tengo:
un cuerpo habitado en lo profundo
por un corazón que siente, apasionado,
y late desde el centro de su mundo.

EL TIEMPO NO EXISTE...

El tiempo no existe.
Solo vivimos
en un angustioso caos
de desorden infinito.

El pasado es humo en nuestras vidas,
niebla que alguna vez se desvanece
para dejarnos ver nuestra impotencia
ante el hoy que nos oprime con dureza.

El presente muere a cada instante,
es la última letra que acabo de escribir,
el último sonido que pronuncio.
Como la leña de una hoguera,
arde el presente
para ser ceniza del pasado.

El futuro está aquí,
pero no llega, no llega, no llega...
y ya es presente y ya es pasado.

El tiempo es una entelequia
de la misma dimensión que la existencia;
nacemos, vivimos... y ya estamos muertos,

y todo lo hacemos como si de verdad,
en la infinitud del universo,
uno, yo, mi vida, nuestra vida,
valiese para algo.

LA BARBACOA

«Te haré una barbacoa»,
te prometí hace algún tiempo.
Y la voy a hacer donde te dije,
entre la vieja puerta
y la pared del cobertizo.

Tengo ya el diseño en mi cabeza
y están los materiales esperando
a que me ponga manos a la obra.
Aquí irá una columna de ladrillos
y allí la otra,
y, encima, las rasillas con mortero.
A ambos lados, las paredes
de ladrillos refractarios
y, encima del hogar del fuego,
las parrillas.
Lo cubriré después con un tejado
—por si le diera por llover—
y tendrá, también, una salida para el humo.

Cuando ya la tenga terminada,
habrá que pensar en estrenarla.
Lo haremos cuando sea primavera
o cuando llegue el calorcito del verano,
o nos señale este virus una tregua
y vuelva la vida en su apogeo.

Lo primero será reunir a la familia:
nuestras hijas, Ana y Eva,
y sus maridos,
con Claudia y Eloy recién llegado,
y el bisabuelo
con sus 93 recién cumplidos.

Después, los sobrinos y sobrinas más cercanos
y el resto de parientes,
por no hablar también de los amigos
y más gente,
porque nuestra familia es amplia y numerosa.

Asaremos chorizos y costillas
—para mí, de pavo o de pollo, ya lo sabes—
y también algunas verduritas
por aquello de que pueda haber veganos.

Será una barbacoa
hecha de amor y de esperanza
con la que celebrar la vida,
porque, amor mío, si no es por los que amamos,
¿para qué queremos tú y yo una barbacoa?

Para Eloy, mi nieto

Tu vida es el lugar
donde nacen y crecen
los asombros, las risas,
los juegos y las caricias
de papá y mamá,
que te cubren con un manto
de cielo protector.

La luz de tu mirada
limpia, pura y cristalina
a todos nos alcanza.
Nos deslumbra el fuego
de tu ardiente alma.

Tus menudos pasos te llevan
al futuro que acaba de nacer
y el hoy —como tu nombre—
empieza a dejar la huella
que marcará tu destino.

No sé lo que serás mañana;
tal vez carpintero, pintor, bombero,
quizás matemático, o artista,
o puede que seas actor o cantante.

Pero cuando tengas que elegir
el camino a seguir,
por difícil que parezca,
elige ser, sobre todo,
un hombre bueno.

Y alcanzada la cumbre
de tu edad adulta,
cuando yo ya sea una sombra
perdida en el olvido,
solo de vez en cuando
acuérdate de mí.

ELLA ES EL PRINCIPIO

Cruza el cielo luminoso
y con violencia explota
entre dientes y entre labios
y ya nada la detiene.

Pero de pronto aterriza
y de nuevo el suelo pisa;
deja su huella en la nieve
—huellas negras y profundas—
y con cincel forma y labra
el vuelo de la palabra.

EPÍLOGO

Tengo el privilegio de llamarte padre;
también maestro incansable de tintas y letras,
sembrador de palabras inquietas,
recolector de rimas y tretas.

Te puedo llamar, seguro, compañero:
silla o pantalla, coche, vuelo o casa,
serrín que desprende el lápiz —de carpintero—,
reloj de arena, recuerdo.

Sin decirlo, te llamo amigo, guía, camino:
manos ásperas que acompañan,
dedos firmes que pasan páginas.
La suerte del hogar, de nacer de un corazón limpio,
sin mancha, hecho de tinta, de trazos y letras.

Eva Moure Ruiz

Agradecimientos

A mi esposa Isabel y a mis hijas Ana y Eva, sin las que mi vida no sé la que habría sido, pero seguro que no habría sido esta.

A Manuel Guerrero Cabrera, porque sin su trabajo y apoyo hoy no tendrías este libro en tus manos.

Y, en general, a todos y todas los que tenéis o habéis tenido una parte, grande o pequeña, en estos poemas.